Amar con Sabiduría es Saber Volar

pensamientos, reflexiones y poesías

Luis A. Guido

Para realizar pedidos de este libro, contacte con:
Palibrio
1663 Liberty Drive
Suite 200
Bloomington, IN 47403
Gratis desde EE. UU. al 877.407.5847
Gratis desde México al 01.800.288.2243
Gratis desde España al 900.866.949
Desde otro país al +1.812.671.9757
Fax: 01.812.355.1576
ventas@palibrio.com
439262

Índice

Por mis padres María Ana y Jorge Guido
por su amor, dedicación, humildad y sencillez.

Agradezco a Laura López por su apoyo y colaboración.
A Hosffman Ospino por su amistad y aporte en este libro.

A la vida y a Hagia Sophia.

Prólogo

El mundo necesita poetas. El poeta percibe, vive y permanece en contemplación de aquellos elementos de la realidad que en medio de los afanes y las preocupaciones de la vida diaria tendemos a ignorar. El poeta nos recuerda que ser humano es darle sentido a la vida, que somos lo que somos sólo cuando abrimos nuestras alas y nos elevamos más allá de la inmediatez del presente. Los filósofos y los teólogos hablan de trascender; el poeta habla de vivir. Pero no vivir por vivir, sino vivir intencionalmente; vivir en relación con el mundo y las personas que nos rodean; vivir con la certeza de que la realidad nos abre al misterio. ¿Acaso no es esto lo que nos define como seres humanos?

La presente antología de poemas y pensamientos es un desafío a redescubrir lo más profundo de nuestra humanidad: *amar con sabiduría es saber volar*. Luis Guido nos lleva en un viaje por la intimidad de sus reflexiones para mostrarnos cómo él busca amar con sabiduría para poder volar y así enseñarnos que también nosotros podemos hacerlo. "Volar es riesgo, volar es sentir" (*Fortaleza*). Sólo quien se atreve a ser interpelado por la belleza del amanecer, el cambio de las estaciones, la presencia misteriosa de la divinidad en la creación, la inocencia de los más pequeños y el potencial del ser humano llega a ser sabio. Volar, en el pensamiento de Luis, es una metáfora que captura la esencia de la vida: "el valor para volar, vivir, te ayuda a descubrir nuevos horizontes, nuevos colores, nuevos sabores" (*Audacia*). Vivir es hermoso, qué gran oportunidad se nos ha regalado.

Cuando nos encontramos con versos y pensamientos como los que se nos comparten en estas páginas, no sólo descubrimos una manera nueva de interpretar la realidad sino que somos parcialmente partícipes de la intimidad de lo que acontece en lo más recóndito del alma de su autor. Parcialmente, sí, como luces en la oscuridad, como oasis en un desierto, como hogueras en una noche fría. Hay mucho más por descubrir en las profundidades del alma, la cual crece con la experiencia de los años: "en el andar de nuestra vida, apreciamos el crecimiento del alma... descubrir e inventar es alegría, existir es saber ver y sentir" (*Crecer*). Luis revela en esta selección la riqueza de su experiencia personal, la cual ha sido enriquecida por una historia interesante, tan interesante como la de alguien que se ha atrevido a volar, vivir con intensidad.

La tradición cristiana, en la cual Luis se encuentra profundamente inmerso, enseña que mientras más conocemos al Dios que se hace presente en la historia, más conocemos la razón de ser de la humanidad. Algo similar podemos decir también cuando miramos la relación desde la perspectiva de la creatura que vive en el aquí y el ahora de lo cotidiano: mientras más conocemos las profundidades del ser humano y su capacidad para vivir con plenitud, más entendemos al creador y la razón por la cual nos ha llamado a la existencia. Desde esta dinámica de fe vivida y expresada por medio del arte literario, no es raro encontrar en estas páginas versos que son súplicas: "dame impulso y motivo para volar" (*Fortaleza*), o el reconocimiento de la presencia real del Dios que inspira el compromiso de vida de nuestro poeta: "como poder olvidar lo que está ahí, lo que se ve y se siente" (*Realidad*). Es más, el uso de imágenes tales como vida y luz evocan un lenguaje profundamente bíblico que en sí mismo es revelatorio: "lo importante no es saber dónde está la luz, si no estar donde está la luz" (*Epifanía*). Por supuesto, estas interpretaciones son mi propio acercamiento como teólogo católico a la profundidad de las palabras que hacen vida estos pensamientos. Ya sea que se lean desde una perspectiva de fe o desde una más filosófico-existencial, lo que no cabe duda es que invitan a volar, vivir: "vivir es un triunfo, es ser parte de la historia" (*Existir*).

En mis años de juventud recuerdo pasar horas y horas sin término leyendo obras de filosofía y literatura que me ayudaran a articular mejor lo que significa vivir. Todavía lo hago, con unos años más de experiencia y con una perspectiva un poco distinta, por supuesto. Versos y pensamientos como los de estas páginas me han retado a querer más el regalo de la vida y a atreverme a vivirla con más intencionalidad. Creo que toda persona interesada en volar, vivir, debiera acercarse a esta hermosa selección, especialmente los jóvenes. Sin afanes, sin agendas, sin preocupaciones. Simplemente con el deseo de vivir, volar. Luis se presenta ante sus lectores como un viajero que vive y quiere vivir más intensamente: "viajando voy, viviendo sueños" (*Libertad*); "día a día, paso a paso viviendo voy" (*Viviendo*). Nuestro poeta es alguien que ama la vida y quiere que otros también la vivan con intensidad. Por eso, "vuela, ave, vuela" (*Ave*).

Hosffman Ospino, PhD
Profesor de teología en Boston College
Boston – USA

Vida

La vida es una obra,
saber vivirla es un arte,
y saber comprenderla es sabiduría.

Sabiduría

Soy feliz,
sea porque en mi camino hoy encontré
una razón en mi vida de ser feliz.
La razón eres tú que sonríes,
cantas y vives en el color y aroma de las flores.
Que más pudiera yo pedir,
que la luz de la luna mi corazón ilumina.
Razón yo he encontrado de estudiar la palabra,
o vida, de tus ojos enamorados.
Feliz es el que en ti encuentra el aroma y rocío
que aviva y alegra el corazón inquieto.
Fortuna que por ti el guerrero vence el miedo
y con calma camina sereno.
Aroma que calma todo deseo y vence todo secreto,
así, tu canto de ave infantil que seduce el alma.
Dulce aroma, suspiro de primavera en invierno,
rosa y gota celeste.
Sabiduría... el arte de vivir bien.

Contexto

Hay historias que se escriben con la mano,
unas con la mente,
y otras con el corazón.

Abrazo

Agradable y sereno corazón,
que con agrado y candor
tiene deseo de amar.

De día y de noche,
en todo momento,
vida por ti suspiro,
el corazón no busca reproche.

En la sombra de la noche,
no hay diferencia
que por ti no me des noche,
en la luz del día,
siempre provoca en mi corazón alegría.

Crecer

En el andar de nuestra vida,
apreciamos el crecimiento del alma
sólo aquel que sabe ver, sentir y existir,
comprende que la lucidez es saber reír, cantar, jugar.
Descubrir e inventar es alegría
Existir es saber ver y sentir.

Aprecio

El rostro de los amigos es el corazón,
cuando los recordamos,
recordamos su rostro,
recordamos su vida.
En el corazón está la imagen
de la amistad, cariño y fraternidad.

En Ti

O Dios, sol que iluminas tu creación,
ilumina mi vida.
Jesús la fuerza de mi alma,
en ti pongo todo lo que soy.
En ti confío mi trabajo, mis anhelos,
mis proyectos; el éxito de mi vida está en ti.

O Dios,
dulce fruto de la vida,
sabor grato de la alegría,
aroma agradable de la esperanza,
color brillante de la fe.

Deleite

Eternos recuerdos
Brisa
Abeja
Mariposa
Habla y ríe
Se alimenta de miel.

Vive del sol
Vive de la tierra
Existe para amar
Vivo deleite.

Elevar El Alma

Caminar mucho cansa,
caminar con calma
fortalece el espíritu y el alma.
Da tiempo para recordar
lo que es saber caminar
y saber amar.

Momento

Entre pan y café
crece el amor,
se entrega el corazón,
no pregunta la razón,
desea verte de sol a sol.

Alimento De Vida

Amor, dulce como el maíz,
blanco como la harina.
Amor de cada mañana,
agradable como la manzana
que nutre el corazón.
Amor, espeso como la savia,
alimenta el entusiasmo.
Amor, suculento como el chocolate,
energía para el alma.
Amor, delicioso como el café,
despierta la pasión por la vida.
Amor, jugoso como la naranja,
delicia de la alegría.

Tomando Té

Antes de tomar té
salí a caminar,
un viento fresco
y hojas secas.
Exigua neblina,
parece otoño,
parece invierno
y solo un susurro
se escucha lejos.
Ya regreso,
a tomar té.

Distancia

De tus brazos a mis brazos,
espacio entre sol y luna,
distancia de vida perene.
De tus brazos a mis brazos,
distancia que paciente espera,
y robar yo quisiera,
un abrazo de aquella,
que sonríe como eterna primavera.

Libertad

Viajando voy
Viviendo sueños
Pensando estoy
Entre polvo y viento
Seguro estoy.

Ella

Como la alborada,
hermosa como luz de cristal.

Ella,
sonrisa alegre,
ilumina el espacio,
ilumina el tiempo,
ilumina el sueño.

Ella,
busca el bien,
le canta a la libertad,
alegre existe,
sin miedo avanza.

Vida, tus alas con ímpetu levantas.

Celeste

Amor de sol,
calor de luna,
como tú en la vida,
no hay ninguna.

En ti un jardín de aroma,
celeste flor
que provoca amor
un azul celeste que a ti te ama.

Hoja Blanca

Blanca sonrisa,
luz de luna, luz de sol,
fuerza de magia,
agua y fuego
en hoja blanca.

Tú, sonrisa
dibujada en hoja
con tinta danza.

Trazo de color,
matiz de luna y sol
en hoja blanca.

Tierra De Fuego

Me alegra,
que estoy de nuevo,
en la tierra de fuego
con su gente
siempre sonriente
su pueblo
me alegra.
Bendito Dios.

Bonito Poema

De bella pluma
que entre sonrisa y briza
tu figura traza
el más fino aroma.

Como agua y espuma
te busca en la luz de la luna.

Vivir En Paz

Vivir en compañía de los que aman la paz,
es un viaje al cosmos de la armonía.
Vivir en compañía de los que aman la justicia,
es un viaje al país de la libertad.
Vivir en compañía de los que aman la compasión,
es un viaje al mundo de la igualdad.
Vivir en compañía de los que aman la tranquilidad,
es un viaje a la tierra del orden.
Vivir en compañía de los que saben amar,
es un viaje por el universo.
Vivir en compañía de los que saben vivir,
es un viaje por toda la creación.

Afecto

Buscando estoy,
si tú ríes, reiré
buscando voy,
si tú lloras, lloraré
cantando voy,
si tú cantas, cantaré
contigo voy.

Bella

Entre el mar y ella,
hermosa estrella.
Como la blanca espuma,
su rostro irradia en la arena.
Como blanca estrella,
camina y vuela.

Entre arena y agua,
del mar nace tu encanto.

Tú haces lo que hace el sol.
Tú vives lo que el viento lleva.

En ti florece el color del día.
Aroma y poema,
nacen del agua y espuma.
Gracia de suave piel que acaricia la espuma.

Inspiración

Déjame andar en tu camino
Déjame ver lo que tu vez
Déjame suspirar tu suspiro
Pluma de bella ave
Pluma que escribe poema
Bellos labios que Dios te dio tan suave
O mar, agua y espuma.

Realidad

Cómo poder olvidar
lo que está ahí,
lo que se ve
y se siente.

Mar

Piel de primavera
aroma de lluvia,
que enciende la vida.

Pelo y lluvia
Ojos de cielo
Flor de mar
Piel y tierra.

Saliva de mar
que riega la tierra
qué grande es amar.

Epifanía

Lo importante no es saber dónde está la luz,
si no estar donde está la luz.

Arte

De tu corazón a mi corazón
Escribir,
un suspiro
Pintar,
una palabra
Soñar,
un sentimiento,
un color, una forma, una expresión
Volar, de tus ojos a mis ojos.

Fiel

Siguiendo tus pasos,
entre agua, arena y sol.

Al aroma de tu piel
sigo fiel.

Suaves pasos,
una bella figura
que camina
entre agua, arena y sol.

Suaves besos
Suaves labios
Lindos ojos
Lindo rostro

Poema escrito
entre agua, arena y sol.

Yo Soy

Como viento
Como tierra
Como lluvia
Como fuego
Como nube
Como agua
Como sol
Vida, tuya soy.

Viviendo

Paso a paso, valiente voy
viviendo entre sombra y luz,
la verdad de la vida,
alegría buscando estoy.
Siempre hacia adelante
construyendo caminos
con firmeza voy.
Entre cardos y milagros
aprendiendo estoy.
Día a día, paso a paso
viviendo voy.

Los Ojos Del Alma

Al cerrar los ojos
vemos con los ojos del alma,
abrimos la puerta que nos muestra la grandeza de la vida.

Fortaleza

Dame impulso y motivo para volar
De tus brazos quiero escapar
De tus ojos quiero huir
Dame libertad
Dame alas para a ti llegar
Volar es riesgo
Vivir es sentir
Entre viento y lluvia tú estás.

Tranquilo

El tiempo no se ha ido,
en mi camino me ha acompañado,
no me ha atrapado,
ha sido un regalo
Constantemente conmigo hacia adelante
a abrir puertas me ha ayudado
otras he dejado,
otras se han cerrado,
bendito regalo
Abriendo puertas,
voy tranquilo viviendo sueños.

Poesía

Eres papel

Eres tinta y letra

Eres flor y miel

Eres tierra y lluvia

Eres cielo y nube

Eres viento y ave

Eres eso y más

Eres el deseo de amar.

Escuchar

La sabiduría del sabio
es conocer la creación,
es conocer la libertad.

Aprender a escuchar
es hablar la verdad,
es hablar de justicia.

Escuchar la enseñanza del mundo,
es sentir compasión.

Presencia

Grato recuerdo,
que entre vino suave y vino fuerte,
tengo la suerte de amarte.

Entre música suave y música fuerte,
tengo la alegría amarte.

Contigo tuve la suerte,
de bailar un ritmo hermoso como el diamante.

Con risa y sonrisa, tuyo es el fuego fragante,
que al beber de tu copa me has impregnado,
del aroma que me inspira amarte.

Sueño De Madre

Dormir, soñar, vivir,
en un nuevo amanecer
en donde las historias de la vida se abrazan.

Abrazos de madre, abrazos y sonrisas,
palabras suaves, sonrisa de mañana
fuerza de cada mañana.

Naturaleza de madre divina
Fuerza del fuego,
Fuerza del agua,
Fuerza del viento,
Fuerza de la tierra.

Naturaleza que en las sabanas de tu sabiduría
tus mansos brazos que al mundo cobija.

Hablas del invierno,
bendices al otoño,
juegas con el verano,
vives con la primavera.
Madre de piel morena.

Tus Ojos

Eres como el día y la noche,
de día cuando cierras tus ojos veo las estrellas,
de noche, cuando los abres veo el sol.

Musa

Entre libros, café y té,
a ti quiero verte.
Con prosa, letra, vino y pan,
a ti te dedico mi afán.

Del rojo al verde y del blanco al rosa,
tú mujer hermosa,
como ave y nieve eres de alma hermosa.

Así como en el camino se traza el canto,
que hermoso encanto,
de tu vida se ingenia el arte santo.

Anhelo

Si fueras libro,
desearía ser letra
para ser parte de tu historia.
Si fueras mármol,
desearía ser cincel
para esculpir y descubrir tu belleza.
Si fueras pintura,
desearía ser el lienzo
para vivir tu obra.
Si fueras ave,
desearía ser viento
para viajar contigo.
Si fueras flor,
desearía ser abeja
para comer de tu néctar.
Si fueras agua,
desearía ser planta
para absorber tu vida.
Si fueras fuego,
desearía ser madero
para que consumas mi vida.

Tiempo

Bienaventurados,
los que toman tiempo para guiar

Bienaventurados,
los que de lo poco mucho saben compartir

Bienaventurados,
los que toman tiempo para sonreír

Bienaventurados,
los que toman tiempo para ayudar.

Niña

Niña de ojos grandes,
redondos color café,
rostro color canela.

Hermosa niña que ayer reías,
hoy tú lloras.

Triste rostro que busca a Dios,
y preguntarle de tu amor.

Quieres saber,
tienes hambre, tienes miedo,
no hay leche, no hay pan.

Porque él que traía leche y traía pan,
ayer se fue, se lo han llevado...

Quieres gritar, quieres decir, quieres ser
Muchos por ti ayer, pidieron por ti el derecho a nacer
La Iglesia pide por ti orar, quiero llorar.

Eres

Eres libro y letra,
eres hermosa historia.
Eres el mármol y cincel,
de ti despunta la belleza.
Eres pintura y lienzo,
eres obra de arte.
Eres ave y viento,
sabes volar alto.
Eres flor y abeja,
de ti sale la miel de las cosas.
Eres agua y planta,
sabes dar vida a la vida.
Eres fuego y madero,
avivas el calor en medio del frio.
Eres canto y música
alegras la vida de los que te escuchan.

Le Pedí a Dios

Hoy le pedí a Dios por una bendición
--una roca y una gota--
y me dio un arbolito
lleno de hojitas redonditas luminosas
y con muchos pajaritos,
y dos buenos amiguitos..
Gracias a Dios por un día tan bendito.

Pajarito

Pajarito de barro,
lindo canto

Bonito recuerdo

Tu gozo
parece salir del cántaro
y danzas con regocijo.

Vivir En Abril

Aprender a volar,
dejar el miedo y levantar las alas,
convivir con el viento es vivir.

Bellos sentimientos que hacen volar,
elevarse con el viento que arrulla el sueño.

Ni el desierto, ni la jungla,
ni la lluvia, ni el desamor asustan.

Pues en el vuelo se aprende a bailar
el baile de la libertad.

Con el viento y la lluvia,
con el sol y la luna,
entre canto y son de corazón
en el vuelo encuentras tu pasión.

Luciérnagas De Mayo

Luciérnagas,
sobre el arroyo de agua,
clara y nítida,
juegan a ser estrellas.

Luciérnagas bellas,
pareciera que del agua nacieran.

Libres juegan a iluminar la noche
Luz de luna que ilumina el arroyo
Verlas jugar como bello arte,
alegra el corazón.

Duerme

Que esta noche descanses
después de un día de ideas, logros, metas y anhelos.

Que dormir sea una recompensa
para el alma, mente y corazón.

Que en el sueño encuentres
el sonido de una dulce melodía
que corteje tu ser.

Que en la noche de compañera
una hermosa estrella
y en el día armonía.

Que con alegría comiences un nuevo día,
de tu hermosa vida.

Existe

La vida se escribe día a día,
viviendo.

Vivir es un triunfo
es ser parte de la historia.

En nuevos horizontes
busca, descubre, inventa,
Vive.

Resistir

Hay algo en ti
que me hace sentir,
pero quisiera resistir,
mi agrado por ti.

Dime de ti
no es una quimera,
es una historia,
es una vida.

Para Ti

Día y noche,
entre sombra y luz,
de día se vive,
de noche se ama.

Luz y sombra,
por el deseo,
el anhelo y el sueño,
unidos están.

De día la campana anuncia el candor,
de noche, los grillos cantan amor.

Para ti, de día la beldad del sol
tu alma acaricia,
de noche tu sueño tu cuerpo arrulla.

Para ti,
día y noche,
sombra y luz,
es el querer.

Primavera

Tiempo de renacer,
renace el fuego
renace la belleza.

Renace el silencio
renace el follaje.

Oruga presurosa,
se transforma
en dorada mariposa.

Dialogo

Papel, luz, fe y paz.
¿Tienes papel?
¿Papel, cuál papel?
Donde escribir los sueños
Vida, mundo, universo... Dios
Conocer la luz, la fe, y la paz.

Piensa En Ti

Cuando despiertes a la luz de la aurora, piensa en ti,
Cuando la briza del mar acaricie tu rostro, piensa en ti,
Cuando descubras una nueva flor en tu jardín, piensa en ti,
Cuando disfrutes de la sombra tu árbol favorito, piensa en ti,
Cuando tu cuerpo baile con la lluvia, piensa en ti,
En ti piensa, cuando comas de la miel de la fruta dulce
En ti piensa, cuando cantes con las aves del jardín
En ti piensa, cuando libre vueles con el viento
En ti piensa, cuando hables con el viento
Cuando rías con la vida, piensa en ti.

 Quimera

Entre tus ojos y mis ojos,
no hay distancia
Entre tus manos y mis manos,
no hay espacio
Entre tu voz y mi voz,
no hay tiempo
Hay algo que tú y yo no decimos,
pero lo adivinamos.

Andanza

El universo en que vivimos hay dos mundos,
uno el que caminamos,
y otro el que imaginamos.

Lienzo

Inspiración,
suspiro del alma,
suspiro sereno,
blanca arena.

Pintura de lienzo
Una sola inspiración,
que transporta y transforma
y pinceles que dan forma.

Tu Vida

¿Son las flores tan hermosas cómo las estrellas?

Sí, pero no lo saben.

Tu vida es hermosa,

¿Lo sabes tú?

Gratitud

No tengo todo lo que quiero,
pero quiero todo lo que tengo,
porque lo que tengo es verdadero.

Esplendor

El brillo de tus ojos es como flama de dos luceros
de luz suave que iluminan el claro amanecer.

El color irresistible de tus ojos, que cuando feliz sonríes,
es como dos luciérnagas en la noche,
hacen mi corazón latir como a un alhelí en primavera.

Que fuerza tienes tú en tus ojos que la llamarada funde todo intento
de resistir a tu encanto suave.

Juegas con el sol y juegas con la luna, que fortuna;
ríes con el viento y bailas con la lluvia, que alegría;
platicas con la flor y escuchas al cenzontle,
suerte que de ti reciben tus lindos besos.

Inmensidad

En un cielo lleno de hermosas estrellas,
entre constelaciones y nébulas,
su corazón lo guía hacía la estrella que gusta, anhela, y admira.

De norte a sur
de este a oeste,
el brillo celeste.

Mirando al cielo, veo, siento y existo
que bello el universo,
miles de estrellas
que adornan el cielo.

Si del espacio pudiera tener un poquito
Mil años luz de distancia y un suspiro.

Heredad

A un hombre de pocas palabras,
la tierra ha recibido.

Cielo azul, tierra blanca
que esta ciudad que Dios ha creado
con sublime calma
con flores y amores,
tu belleza de ti dan testimonio.

Vivir en tu calor, vivir en tu frio
completo el corazón debe estar,
tu luz y sombra me dan el gran salterio
la fuerza de poder cantar.

O, de día o de noche, bello es tu horizonte
briza cálida, briza fresca eres tú el pincel
que paz da a mi alma y a mi mente, cual gente,
mujeres y hombres te hacen crecer con la fuerza del cincel.

Tarde y mañana que por ti suspiro,
que como el águila y el viento me haces libre,
fuerza de niña, fuerza de niño que de ti admiro,
O, tu dulce polvo, incluye mi voz humilde.

Vientos Del Sur

Vientos del sur,
aliento y fuerza,
recuerdos y abrazos.

Arena y espuma de mar,
qué bello es amar.

Extraño el viento dócil,
que mueve el pino y la palma.

Amar

Hermosa figura de suave andar
que alegre camina con la brisa del mar
no dejes que la lluvia ni el viento te impidan amar.

Afán

Vivo los colores,
tú, color tierra,
tú, color cielo,
tu piel mágicos secretos encierra.

Vivo los sabores
tú, sabor a vino que encanta
tú, sabor a miel que endulza
tú, aliento suave que provoca fuerza.

Tú, que tu voz es el canto
tú, cual sonido alegre motiva el alma
tú, viento que anuncia calma.

De ti más quiero saber
De ti más quiero descubrir
De ti más quiero huir.

Naturaleza

Bonito cielo,
bonita tierra,
bonita agua,
bonita briza,
bonita luz en los ojos
de la sonrisa.

Jardín

Entre flores y robles
en tu jardín que cada mañana
descubres nuevos olores.

Por ti con serenidad danza la lluvia,
en la sombra del cerezo
encuentras refugio
Cuida de ti el te que creo.

Audacia

El valor para volar,
Vivir,
Te ayuda a descubrir
Nuevos horizontes,
Nuevos colores,
Nuevos sabores,
Es una receta de la vida
Siempre compartida.

Misterio Y Luz

Seguir buscando, descubriendo,
Inventando, caminando bajo la luz
y protección de Dios
es abrir los ojos del corazón
y del alma al misterio de
la vida y el arte.

Ave

Quién es aquella ave,
de ojos grandes
y boca suave,
que su cantar conmueve.

Ave, de lindo plumaje
que asemeja al poema,
en su vuelo todo conmueve
El cielo y la tierra,
de verla se alegra.

Vuela
Ave
Vuela

Desde el solar de mi vida,
te doy mi despedida.

Vive Con Intensidad

Acaba la primavera, no la vida,
pues tu voz sigue siendo canto alborozado.

Acaba el verano, no la vida,
pues en tu corazón está el fulgor del júbilo.

Acaba el otoño, no la vida,
pues en ti palpita la fuerza de la naturaleza.

Acaba el invierno, no la vida,
pues en tu sueño está la ternura del hogar.

Acaba un día, no la vida,
pues tú eres alegría de sol que no se apaga.

Acaba la noche, no la vida,
pues en tus ojos está el brío de las estrellas.